LISTE ET ORIGINE

DE TOUS LES ORDRES

DE

CHEVALERIES

MILITAIRES ET CIVILS

Qui ont été institués
par les Papes et par les Princes chrétiens
jusqu'à la fin du XVIe Siècle

PAR P. DAVITI

Publié séparément, pour la première fois,
par les soins de M. JEAN GAY
Membre de l'Institut National Genevois

TURIN

1876

LISTE ET ORIGINE

DES ORDRES

DE CHEVALERIES

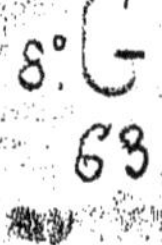

TIRÉ A 300 EXEMPLAIRES NUMÉROTÉS,
dont 50 ex. sur papier teinté
et 250 ex. sur papier vélin de fil à la forme.

Exemplaire N° 49

Turin — V. BONA, imprimeur de S. M.

LISTE ET ORIGINE

DE TOUS LES ORDRES

DE

CHEVALERIES

MILITAIRES ET CIVILS

Qui ont été institués
par les Papes et par les Princes chrétiens
jusqu'à la fin du XVIe Siècle

PAR P. DAVITI.

Publié séparément, pour la première fois,
par les soins de M. JEAN GAY
Membre de l'Institut National Génevois.

TURIN

1876

AVANT PROPOS

Le petit travail que nous offrons ici est renfermé dans un ouvrage très-volumineux, devenu rare [1], et qui ne comprend que de longues dissertations historiques; la seule qui mérite une mention spéciale est celle que nous éditons aujourd'hui.

(1) *Les Estats, empires et principautez du monde.* Paris, 1615, in fol. de 1464 pages.

AVANT PROPOS

Pierre Daviti, ou Davity, gentilhomme français, naquit à Tournon en août 1573. On a de lui diverses productions en prose et en vers, entre autres: *Les travaux sans travail*. Paris, et Rouen, 1602; - Lyon, 1603; - Rouen, 1609, in 12 — *Le Monde, ou la Description de ses quatre parties*. Paris, 1637, 5 vol. in fol.

Origine des ordres militaires; tant Réguliers qui ont esté approuvez par le Saint Siège sous quelque reigle & discipline; que des séculiers instituez par les Empereurs, Rois & Princes chrestiens avec leurs blazons & devises.

CELUI auquel a esté donnée toute puissance au ciel, voulant faire voir les effects de sa victoire triomphante tant sur les choses spirituelles que temporelles; incontinent après la naissance de son Eglise & que le sang des martyrs en eust cimenté une bonne partie de l'édifice; fit que non seulement les esprits tranquilles & pacifiques se vouèrent pour toute leur vie en Sainctteté, mais qu'encores les esprits belliqueux consacrèrent leur valeur & leurs armes tant à l'accroissement & augmentation de la religion catholique, qu'à fa protection & défence. Si bien que les Monarques les plus puisfans du monde marchèrent fous l'eftendart d'icelui auquel ils faifoyent bien peu de temps auparavant une fi fanglante & cruelle guerre; tefmoin le grand Conftantin, Valentinian, les Théodofes & autre grand nombre d'Empereurs, qui tous, commencèrent de porter la croix en leurs blazons & armoiries toutes néanmoins de diverfes couleurs, les unes blanches, les autres vertes & les autres rouges & d'autres couleurs, en la forme prefque, qu'elle apparût au ciel au grand Conftantin. Ayant un A au cofté droit, un Ω au cofté gauche, & un Labarum au milieu, affavoir, un X & un P entrelaffez l'un dans l'autre eftans crénelez par les quatre bouts. Et d'autant qu'il n'y a guère eu de Royaume ni de République au monde qui n'ait eu quelque ordre de Chevalerie, il eftoit bien raifonnable qu'il fe fift quelques congrégations qui prinsfent l'Ordre du Roy des Rois & fe defvouasfent particulièrement à fon fervice.

Du temps mefme de Conftantin le grand, l'Ordre des Chevaliers du S. Sépulchre de noftre Seigneur commença de s'eftablir, car S. Hélène fa mère eftant allée en Hiérufalem pour y chercher la S. Croix & le S. Sépulchre & les ayant trouvez par une divine révélation, elle y fit baftir en action de grâces un Temple fort magnifique en l'honneur de la Réfurrection glorieufe de JÉSUS CHRIST, lequel par trait de temps fût conſtruit en un Monaſtère de Chanoines réguliers de S. Auguſtin. Mais pour lors, la garde du S. Sépulchre fut commiſe à quelques gentilshommes de ſa ſuite qui fûrent les premiers Chevaliers de cet Ordre qui ſe continua en ce lieu-là & s'y eſtablirent. De ſorte, que du temps meſme que les Sarrazins & les Turcs s'emparèrent de tout l'Orient & particulièrement de la Paleſtine, tyranniſans les Chrestiens de Hiéruſalem, envers leſquels ils uſoyent de toute ſorte de cruauté, ceux-ci fûrent tolérez moyennant le tribut annuel qu'ils leur payèrent; non sans communiquer néantmoins au commun malheur des fidèles; ces barbares ne laiſſans pas de les traverſer en tout ce qu'ils pouvoient. Leur principale charge eſtoit de garder le S. Sépulchre, faire la guerre aux infidèles de toute leur puiſſance, rachepter les eſclaves, ouïr tous les jours la ſainćte Meſſe en ayant l'opportunité, réciter les heures de la Croix, & porter cinq croix rouges en contemplation des cinq playes de noſtre Seigneur. Quelques uns rapportent leur origine & inſtitution à l'Apoſtre S. Jaques Eveſque de Hiéruſalem, qui endura la mort pour la foy l'an 63. Et ſemble qu'en conſidération de cela les Chevaliers de cet Ordre ſont ſous l'obéiſſance du Patriarche de ceſte ſainćte ville.

L'Ordre des Chevaliers de S. Maurice & de S. Lazare entre les Savoyards.

ON tient que l'Ordre de S. Lazare a commencé du temps du grand S. Basile au rapport de S. Grégoire Nazianzene. Lequel S. Basile fonda un Hospital sous le tiltre de S. Lazare qui donna le nom depuis à cet Ordre: de quoi tant de Lazareries esparses par toutes les parties de la Chrestienté semblent porter tesmoignage. Mais ceste première institution ayant esté comme estouffée en son beau par les incursions des Barbares & autres injures de ces premiers temps, elle sembla renaistre & se restablir de nouveau en cet heureux siècle, auquel les Princes Chrestiens unis en une saincte ligue ostèrent aux Sarrazins la ville de Hiérusalem & les autres lieux de la Terre saincte. Les Chevaliers de cet Ordre recevans charitablement en leurs Hospitaux les fidèles qui accouroyent de toutes les parties de l'Europe à une si heureuse conqueste, voire mesme fournissans aux frais de ceste glorieuse entreprise, lequel bon office fut cause que les Princes Chrestiens leur donnèrent plusieurs maisons & héritages l'an 1154, lesquelles donations leur furent ratifiées par les bulles des Papes Alexandre IV, Nicolas V, Clément IV, Jean XXII & Grégoire X.

Ils font profeffion de la reigle de S. Auguftin & portent pour les blazons de leur Ordre une croix verte qu'Emanuel Philibert Duc de Savoye, après avoir efté eftabli leur grand Maiftre par Grégoire XIII & conjoinct cet ordre avec celui de S. Maurice, reveftit autour d'une bordure blanche au milieu de laquelle celle de S. Maurice feroit enclavée.

Quant à celui de S. Maurice, les anciens Annaliftes de Savoye difent qu'il eût une telle origine; Amédée Duc de Savoye (lequel après fa promotion au fouverain Pontificat prit le nom de Félix V) ayant tout abandonné, fe confina à Ripaille près le lac Leman accompagné de dix Chevaliers d'illuftre famille, où il embraffa la vie d'Hermite en un Monaftère fondé par fes anceftres à la mémoire & honneur de S. Maurice. S'eftant veftu d'une longue robbe de couleur cendrée qu'il ceignit d'une cinture recamée d'or, avec un manteau par deffus de mefme couleur que la robbe, auquel eftoit coufuë une croix brochée d'or. François Modius en fes Pandectes affure que ces Hermites, qu'il appelle Chevaliers de S. Maurice, affiftérent ainfi veftus à la consécration de Félix V, leur fondateur, l'an 1440, monftrant par là quelle avoit efté la religion & quels les acouftremens ordinaires que ce nouveau Pontife avoit portez par le pafsé.

L'Ordre des Chevaliers du Chien & du Coq, en France.

LES Autheurs n'ont rien dit de certain touchant l'inftitution de ces deux Ordres, on les attribue néantmoins à la maifon de Montmorency.

Le premier; d'autant que ceux de cefte maifon portent fur la crefte de leur armet un chien, joint que Philippe Moreus en fes Tables des armoiries de France, efcrit que Bouchard de Montmorency vint en la Cour du Roy de France, Philippes I, du nom, fuivi de plufieurs autres Chevaliers portans tous un collier rempli de teftes de cerfs où pendoit l'effigie d'un chien; & cela pour fignifier la fidélité & affection fincère qu'ils avoyent & auroyent toujours au fervice, protection & défenfe de la République Chreftienne, & fpécialement de la France. Pour y faire auffi remarquer par là leur ancienne nobleffe, le chien en ayant efté le fymbole chez toutes les nations, comme l'a remarqué Lipfius, Epift. 44 de la première Centurie.

Quant à l'Ordre des Chevaliers du Coq, tout ce qu'on en peut dire c'eft que tous ceux qui ont efcrit la généalogie de cefte illuftre maifon, rapportent qu'un certain Pierre de Montmorency en a efté Chevalier; quoique ce foit, il y a grande apparence que cet Ordre a pris pour blafon le Coq, d'autant qu'entre les volatiles il eft le plus Martial; les anciens l'appelloyent Poulcin de Mars, on l'a pris quelquefois auffi pour le hiéroglyfique de la victoire & de la vigilance. Ces Chevaliers voulans dire qu'ils estoient belliqueux, vigilans & victorieux.

L'Ordre des Chevaliers de la Genette en France.

CELUI qui rendit l'ufage des anneaux le plus commun en France fût Charles Martel; ce grand & magnanime Prince qui releva de fon temps le fceptre languiffant de nos Rois, faifant fentir fa redoutable valeur & aux rebelles & aux infidèles. Or comme ce Prince efloit naturellement enclin aux armes, il inftitua auffi un Ordre de Chevaliers qu'il nomma de la Genette; à caufe de fa femme, dite du Haillan, qui s'appelloit Jeanne & lui l'appelloit communément Genette voulant qu'ils portaffent la figure de cet animal gravée en leurs armes: mais du Bellay eft d'autre avis, & tient que cet invincible Prince ayant desfait les Sarrazins en cefte mémorable bataille qu'il leur livra près de la ville de Tours l'an 738, & pour en éternifer la mémoire, & faire voir aux fiècles futurs la valeur & le courage de la Nobleffe Françoife de laquelle il avoit efté particulièrement affifté, & qu'il donna à ceux de cet Ordre le nom de la Genette; d'autant qu'il avoit deftruit cefte nation qui habite cefte partie de l'Efpagne; ainfi furnommée à caufe qu'elle abonde en quantité de femblables animaux, qui font une efpèce de belette, ou pluftoft de renards, ayant fa peau mi-partie de blanc & de cendré, avec un beau meflange de petites taches blanches & noires. Cet ordre s'eft maintenu jufques au règne de S. Louys.

L'Ordre des Chevaliers du Lys au Royaume de Navarre.

DU règne de Garcias VI, Roy de Navarre, furnommé Nugere. Lieu mémorable pour la naiffance, la nourriture, féjour ordinaire, fépulture de ce Prince. Les anciens Hiftoriens d'Efpagne difent que l'Image de noftre Dame qui eft dans l'Eglife du Monaftère Royal de cefte ville fût miraculeusement trouvée & qu'à l'honneur d'icelle, ce bon Roy & Tiennette sa femme, issuë des maisons de Foix & de Gandelle, fondèrent ensemble un Monastère de S. Benoist; mais, que Garcias institua seul l'Ordre des Chevaliers du Lys, portants pour blazon un pot de Lys sur lequel estoit peinte l'image de Nostre Dame, voulant que les robes de ces Chevaliers fussent fort riches & fort artistement & magnifiquement enrichies. Les enfans de la maison Royale entroient en ceste Chevalerie, & plusieurs grands Seigneurs François, Navarrois & estrangers.

Les Chevaliers de cet Ordre sont obligez par l'ordonnance de Garcias, leur premier fondateur, de maintenir & défendre la foy contre tous les ennemis d'icelle & l'amplifier à leur pouvoir. Ils doivent réciter tous les jours certaines prières & certain nombre de *Pater noster* & *d'Ave Maria*. Ferdinand d'Arragon qui fut appellé l'Infant d'Antiquera l'an 1403, entra en ceste Chevalerie avec quelques autres, non tant recomandables pour leur noble extraction, que pour leur vertu, & en print l'Ordre solennellement dans l'Eglise de Nostre Dame ancienne de la ville de Metymne. Ceste devise estoit d'un pot de Lys & d'un Griphon.

L'Ordre des Chevalliers de S. Jean de Hiérusalem, dits de Malte.

QUELQUES uns attribuent le commencement de cet Ordre à Jean Hircanus l'un des Machabées; d'autres à S. Jean l'Aumosnier, Patriarche d'Alexandrie, bien que les Chevaliers d'icelui addressent leurs vœuz à S. Jean Baptiste & le tiennent pour patron. Mais il y en a d'autres qui tiennent que leur première institution vient d'un nommé Girard, lequel du temps de Godefroy de Bouillon estant venu visiter les lieux saincts en Hiérusalem, espris d'une dévotion extraordinaire, assisté de quelques autres gentilshommes qui eûrent mesme dessein que lui, ils se mirent à bastir l'hospital Sainct Jean de Hiérusalem; donnans ainsi commencement à cet Ordre de Chevaliers qui s'appellent du nom de leur première demeure: assavoir, hospitaliers. Le Pape Gelase second du nom, approuva premièrement cet institut: leurs vestemens furent une robbe où estoit attachée une croix blanche en façon octogone, pour marque de leur pureté & des huict béatitudes aux quelles ils aspiroient par la concession du Pape Honoré second. Le devoir de leur profession estoit de recevoir avec toute charité ceux qui venoient de quelque quartier du monde que ce fuſt viſiter les ſaincts lieux, les aſſiſter par les chemins & les leur rendre ſûrs contre les Arabes & tous autres infidèles contre leſquels meſmes, avec l'aſſiſtance & ſecours des Princes Chreſtiens, ils ont dreſſé des armées entières & les ont heureuſement combattus. Ils avoient conquis ſur eux l'Iſle & la ville de Rhodes, mais ils la perdirent quelques ans après; Soliman II du nom, Empereur des Turcs, s'emparant d'icelle; & durant ce temps qu'ils la posſédèrent, ils furent appellez Chevaliers de Rhodes. Depuis, l'Empereur Charles V leur donna l'Isle de Malte laquelle ils ont toujours courageuſement défendue, & principalement durant deux ſiéges que les Turcs ont mis devant: l'un ſous Soliman ſuſdit & l'autre ſous Sélym II du nom, tous deux Monarques des Turcs, que leurs ennemis ont eſté contraints de lever avec beaucoup de perte & de déshonneur. Du nom de ceſte Isle on les appelle encores aujourd'hui Chevaliers de Malte. Aucun ne peut parvenir à ce degré s'il n'eſt de noble extraction. Leur premier Grand Maiſtre fut Raymond de Podie, qui depuis compoſa & publia les conſtitutions ſelon leſquelles vivent encores à préſent ces Chevaliers. Ils obſervent la reigle de S. Auguſtin, & diſent certain nombre de *Pater noſter*, au lieu des heures canoniales, & promettent foy, obédience & chaſteté. Ils portent les armes en l'honneur de Dieu & de S. Jean Baptiſte (lequel, comme nous avons dit ils tiennent pour

patron) pour la défenſe de la foy Chreſtienne. Or au meſme temps que ces Chevaliers commencèrent à s'eſtablir en l'hoſpital S. Jean de Hiéruſalem, il y eut auſſi des femmes qui firent le meſme pour recueillir les femmes pélerines, ainſi que Gérard en avoit fait un pour les hommes. Celui des femmes s'appelloit de S. Marie Magdeleine, le tout ſous la conduite d'une fort honneſte Dame nommée Agnès, laquelle avec ſa troupe prit l'habit & vie régulière, ainſi qu'avoit fait Gérard.

L'Ordre des Chevaliers nommez Templiers.

L'EXPEDITION de la guerre ſaincte ayant eſté autant heureuſement achevée que religieuſement entrepriſe ſous la victorieuſe conduite de Godefroy de Bouillon, l'Ordre des Chevaliers du Temple, ou des Templiers (du quel l'on rapporte l'inſtitution du temps de Gelaſe II) fut eſtabli par les Princes François pour conſerver en la Terre-ſaincte ce qu'ils y avoient acquis ſur les Sarraſins. Les deux premiers autheurs de cet inſtitut furent Hugon de Payennes, & Godefroy de Sainct Aumard Chevaliers.

Et d'autant que le Roy Baudouin leur deſtina certain lieu près le Temple pour y demeurer, les Chevaliers de cet Ordre furent nommez les Frères de la milice de Temple, & plus communément Templiers. Depuis, le Roy avec les principaux du Royaume & le Patriarche Grammont, qui préſidoit pour lors en l'Egliſe de Hiéruſalem, leur aſſignèrent quelques biens & revenus pour leur vivre & veſture. Il leur fût enchargé par le Patriarche & par les Eveſques, que pour la rémiſſion de leurs péchez ils euſſent à maintenir de tout leur pouvoir ces chemins libres de voleurs, pour la ſureté des pélerins leſquels ils devoient conduire & remener en ſûreté. Depuis leur inſtitution, ils demeurèrent l'eſpace de neuf ans en habit séculier, lequel leur eſtoit fourni par le peuple par charité & aumoſne. Mais il y eût depuis un Concile à Troyes en France, où leur fût donnée une reigle qu'on tient avoir eſté dreſsée par Sainct Bernard, ſans aucune croix, par ordonnance du Pape Honoré & d'Eſtienne Patriarche de Hiéruſalem. Ils demeurèrent encores quelques ans en cet habit, mais ils commencèrent dès lors à multiplier ſelon qu'ils enrichiſſoient. Et an temps du Pape Eugène III du nom, & par ſon authorité, ils commencèrent de coudre des croix rouges ſur leurs manteaux afin d'eſtre par ceſte différence remarquez entre les autres, & pour monſtrer qu'ils avoyent conſacré leur ſang pour la protection & défence de la Terre ſaincte &

des autres lieux de la Chreſtienté contre les infidèles. Ceſte croix eſtoit octogone, à l'inſtar des Chevaliers de S. Jean, bien que Hiéroſme Romain Eſpagnol maintienne qu'elle eſtoit double & comme Patriarchale, telle que la portoyent les Hongres en leurs armes. Ceſte religion devint enfin ſi puiſſante qu'elle eſgaloit en richeſſe les plus puiſſans Rois. Et comme l'an 1087, Hiéruſalem eut eſté priſe par les infidèles, les Chevaliers Templiers ne laiſsèrent point de combattre toujours vaillamment pour la religion. Toutefois, l'an 1311 il pleut au Pape Clément V d'abolir cet Ordre de Templiers pour les énormes péchez & grandes fautes qu'on diſoit qu'ils avoyent commiſes. Leurs richeſſes fûrent diſtribuées à divers Chevaliers, comme à ceux de Rhodes, de S. Jaques, de Calatrave, & de Alcantara en Eſpagne.

L'Ordre des Chevaliers Theutoniques de l'Hospital de Sainɛte Marie en Hiéruſalem, ou autrement, les Porte-Croix, ou Marianes.

ENVIRON ce meſme temps, Frédéric II à l'inſtance du Pape Grégoire VII, ayant conduit une grande armée en Syrie pour avancer le progrez de la guerre sainćte, il fut cause d'instituer cet Ordre & de les inſtaler en l'Egliſe & hoſpital de S. Marie en Hiéruſalem, & fût approuvée du Pape Céleſtin III, ſous la reigle de S. Auguſtin. Ceux-ci, avec les Chevaliers du Temple & de S. Jean conſpirèrent à meſme fin & meſme intention, s'eſtans comme aſſociez à une meſme profeſſion, n'en eſtans preſque différens que de leurs croix noires qu'ils portent couſues ſur leurs manteaux blancs. Henri Walpot fut le premier grand Maiſtre. Depuis ils adjouſtèrent à leurs eſcuſſons le roſaire qui environnoit la croix qui a eſté dite ci-deſſus. De là eſt venu qu'on les a appellez Marianes & Porte-croix. Et après la priſe de Hiéruſalem, s'eſtans retirez à Prolemayde, l'Empereur Frédéric les tranſporta en Allemagne & les mit en la province de Pruſſe, ennemie pour lors de noſtre religion, afin de la conquérir & l'aſſujettir au Chriſtianiſme, & ce, ſous l'authorité de Grégoire IX. Enfin, l'an de noſtre ſalut 1279 ceſte province ayant eſté ſubjuguée, on les appella Teutoniques & Pruſſiens. Ceſte conqueſte ſe fit ſous la conduite de Herman Saltza qui arbora le premier l'enſeigne de la croix en ceſte province, ce qui leur concilia l'amitié & la bienveuillance de tous les Princes Chreſtiens. Depuis ils ont eu de grandes guerres contre les Lithuaniens, Polonois & Tartares. Les Preſtres & les Chevaliers de cet Ordre portent en leurs manteaux ceste croix noire cousue dessus en broderie d'argent. Le sérénissime Maximilian d'Austriche est maintenant leur grand Maistre, qui porte ses armes mi-parties de la maison d'Austriche & de celles de l'Ordre. Et bien que la Prusse soit maintenant sujette au Roy de Pologne, toutefois, on ne laisse pas d'eslire un grand Maistre qui jouit avec les siens des biens qu'ils ont en Allemagne.

L'Ordre des Chevaliers de S. Jean d'Accon & de S. Thomas.

A l'imitation des Ordres des Chevaliers susdits l'on en a institué plusieurs autres, entre lesquels fut celui des Chevaliers d'Accon & de S. Thomas, de l'origine & institution desquels, bien que l'on ne trouvera rien de certain, l'on trouve toutefois qu'au commencement d'icelle, ils s'occupoyent à assister charitablement ceux qui venoyent visiter les lieux saincts de tout ce qu'ils avoyent besoin, mais avec le temps ils y adjoustèrent les armes à l'exemple des Chevaliers de S. Jean, ce qui a esté cause de les faire insérer entre les Ordres Militaires. Hiérofme Romain dit qu'ils floriffoient en Efpagne y régnant Alphonfe furnommé le Sage, & que ce Roy leur légua par fon teftament tous fes meubles avec quelque fomme d'argent. Mais Toftat fur Jofuè dit qu'il n'eftoit prefque plus aucune mémoire d'eux. Quant à l'Ordre de Sainct Thomas, qui militoit fous la reigle de S. Auguftin, il fût conjoint avec le précédent par le Pape Alexandre IV.

La Paleftine nous a donné encores quelques autres Ordres, comme celui de S. Blaife, de S. Marie & celui de la Pénitence des faincts Martyrs. Hiérofme Romain affure avoir vu les frères de ce dernier Ordre qui portoyent une croix rouge & tenoyent la reigle de S. Auguftin.

L'Ordre des Chevaliers de S. Sauveur en Arragon.

ENVIRON l'an 1118, Alfonfe Roy d'Efpagne, de Navarre, d'Arragon, de Caftille & de Tolède du cofté de fa femme Utraca, défirant d'extirper les Mores de Sarragoffe & d'Arragon, & voyant combien les provinces voifines s'estoyent bien trouvées des Ordres Militaires que chacun avoit eſtabli chez ſoi, il inſtitua en la ville de Montréal après la priſe de Calatrava, l'Ordre des Chevaliers de S. Sauveur; avec promeſſe de favoriſer & d'eſtre le ſupport de ceux qui ſe porteroyent le plus valeureuſement à la guerre qu'il prétendoit faire contre les infidèles; ce qui lui réuſſit ſi heureuſement, que l'an 1120, il les força de vuider toutes ces contrées qu'ils avoyent occupées. Cela fut cauſe que ce Roy donna à cet Ordre de grands & riches revenus.

L'Ordre des Chevaliers de Mont-Joye en Syrie, qu'on appelle en Caſtille de Monſiac, & en Cateloigne de Mongoia.

DU temps que les Princes Chreſtiens conqueſtèrent la Syrie, l'Ordre des Chevaliers de Mont-Joye fut inſtitué, leſquels prindrent leur nom d'une montagne ainſi nommée proche de la ville de Hiéruſalem, comme en fait foy la bulle de ſon approbation donnée par le Pape Alexandre III, l'an 1180, conſervée aux Archives de Calatrava. Cet ordre receut de grands biens des Princes Chreſtiens en conſidération de l'affiftance qu'ils leur avoyent rendue pour recouvrer la Terre fainčte.

Le mefme Hiérofme Romain fait mention d'un autre Ordre de Chevaliers qu'il nomme de Truxillo, ayans pris ce nom là de la ville où ils commencèrent cet Ordre qui fut enrichi de plufieurs grans dons par le Roy Alfonfe, lequel leur donna encores fainčté Croix, Zufole, Cabime, Albate, & quelques autres, & ce, l'an 1213.

L'Ordre des Chevaliers Porte glaive, ou Gens d'armes de Chrift en Livonie.

ENTRE la Pruffe, Lithuanie, Ruffie & Moscovie eft fituée la province de Livonie, les Potentats de laquelle s'eftans alliez des Chevaliers Teutoniques defquels il a efté parlé ci deffus, à leur imitation firent un Ordre de Chevaliers confirmé par Innocent III, prenans pour blazon deux efpèces de couleur rouge en forme de Croix S. André, qu'ils faifoyent coudre fur leurs manteaux. Leur premier grand Maiftre s'appelloit Univus avec lequel ils firent de grands progrez & conquirent plufieurs places

4

en la Ruffie. Depuis ils s'unirent avec les Teutoniques; mais ayans eu plufieurs différens enfemble ils s'en féparèrent moyennant une bonne fomme d'argent qu'ils payèrent environ l'an 1348. Enfin cefte Province ayant efté infectée de l'héréfie de Luther, cet Ordre fut du tout efteint, ayant flori l'efpace de 357 ans.

L'Ordre des Chevaliers de S. Jaques en Efpagne.

LA fépulture du glorieux Apoftre S. Jaques ayant efté defcouverte en Efpagne & la renommée des miracles qui fe faifoient journellement en ce lieu efpandue de toutes parts, caufa une grande dévotion, non feulement aux peuples de l'Efpagne, mais à ceux encores des Provinces plus esloignées. Mais d'autant que le chemin, à caufe des rochers & ftérilité de la terre eftoit fort difficile & que les Mores volloient & pilloient des Pélerins, la crainte du danger empeschoit plufieurs d'entreprendre le voyage. Cela fut caufe que les Chanoines réguliers de S. Eloy qui avoient leur demeure non guère loin de Compoftelle pour y donner quelque remède baſtirent pluſieurs logis ſur le chemin qui vient de France pour y loger les Pélerins afin de les garantir du danger; leur principal & plus excellent deſquels, fut celui qui fut baſti aux fauxbourgs de la ville de Leon ſous le nom & titre de S. Marc; qui leur acquit tellement la bienvueillance d'un chacun, que pluſieurs Rois & Princes leur en firent de fort grands préſens en recognoiſſance de ce bienfait. Depuis à l'imitation de ces Chanoines pluſieurs Gentils-hommes de Caſtille déſirèrent de faire le meſme & pour mieux parvenir à leur desſein, firent de toutes leurs poſſeſſions & richesſes une maſſe, afin de s'en ſervir en commun.

Ces Gentilshommes donc, par la diligence du Cardinal Jacynte ayans pris réſolution de ſe conjoindre avec leſdits Chanoines, ils proposèrent de dreſſer une manière de vivre telle qu'ils déſiroient obſerver à l'advenir ſelon la reigle de Sainct Auguſtin laquelle ces Chanoines obſervoient, & l'envoyèrent au Sainct Père Alexandre troiſieſme, qui eſtait pour lors ſouverain Pontife, faiſant le chef de ceſte Ambaſſade Pierre Fernandez du pont Eucalate, lequel obtint du Pape une Bulle & la manière de vivre qu'ils devoient garder en date du 5 Juillet 1175. Leur premier grand Maiſtre fut ce Fernandez & pour demeure ordinaire fut donné à ces Chevaliers la maiſon de S. Marc à Leon. Leur livrée ou marque honoraire eſt une croix rouge en forme d'eſpée; Ceci eſt ſelon l'opinion de

Jean Mariana, au liv. 2 de ſon hiſtoire d'Eſpagne. Mais d'autres tiennent cet Ordre plus ancien, ramenant ſon origine au temps du Roy Alfonce le Chaſte, autres à l'an 348, quand Dom Ramire Roy de Caſtille défit 60 mille Mores près de Clavige, d'autant qu'en ceſte bataille les ſoldats s'eſcrioient: *Dieu nous aide & S. Jaques* lequel on vid à cheval portant une bannière blanche marquée d'une croix rouge. Mais la Bulle ſur laquelle on ſe fonde, qui a eſté donnée aux Religieuſes du cloiſtre du S. Eſprit en Salamanque n'eſt pas authentique, comme l'a remarqué le dit Mariana, & François Rhados Dandrada qui a eſcrit en Eſpagnol la chronique des trois Ordres de S. Jaques, de Calatrava, & d'Alcantara, dit que cet Ordre fut inſtitué l'an 1170 aux Royaumes de Léon & Galice par Dom Fernand Roy deſdits Royaumes & que long temps auparavant il y avoit une compagnie ou confrairie des Chevaliers de S. Jaques, ſans forme de religion. Il dit plus, que cet Ordre a eſté introduit en Caſtille par le Roy Dom Alfonſe IX & approuvé l'an 1175 de manière que les fondateurs de cet ordre militaire ſont ce Roy Dom Fernand, & Dom Pierre Fernandez premier grand Maiſtre. Onufre Pavini en ſa Chronique rapporte cet origine à l'an 1170. Les ſtatuts de cet ordre ſont nouvellement imprimez par Plantin à Anvers.

Catava ayant eſté emportée ſur les Mores par le Roi Sancius III, ſurnommé le Déſiré, l'an

1158 il fut mis entre les mains des Templiers, afin que par le moyen des fortifications qu'ils y feroient ils la rendiſſent comme un boulevert contre les infidèles : mais les Templiers ayans eſté avertis que ceux-là alloient fondre ſur eux en nombre preſque infini, ils remirent la place à la volonté du Roy & en ſortirent ne la trouvant pas aſſez forte pour ſouſtenir un ſiège, & comme pas un des grands Seigneurs du Royaume ne voulut entreprendre de la garder, deux Moines de Ciſteaux faiſans pour lors ſéjour à Tolède par occaſion, l'un nommé Raimond Filterius Abbé de Piſorie & l'autre Didacus Veleſens, tous deux fort valeureux aux armes qu'ils avoient laiſsées ; néantmoins pour ſervir à Dieu ſe réſolurent d'y entrer & de la conſerver & deffendre de tout leur pouvoir ; ce qu'ayant communiqué au Roy Sancius il l'eut pour très-agréable, comme eut auſſi Jean Archeveſque de Tolède qui leur fournit de moyens & d'hommes ſelon ſa puiſſance, perſuadant par ſon autorité & par ſes prières, tant nobles qu'autres d'entreprendre la deffence de ceſte place avec ſes deux Religieux pour le bien de la Religion Chreſtienne ; ce qui l'advança de ſorte que des hommes de toutes conditions venoient à trouppes pour le ſecours de ces gens de bien ; de manière que la ville fut ſi bien munie & fortifiée, que l'ennemi n'oſa jamais entreprendre de la venir attaquer. Voilà l'heureux commencement de ceſte milice : ſi bien que le Roy donna ce lieu en récompenſe à ces Religieux & à leurs compagnons, au nom de la Vierge Marie patrone de l'Ordre de Ciſteaux. L'Abbé donna à ſes derniers compagnons la vesture & la reigle de Ciſteaux. Les blazons de cet Ordre furent au commencement une croix rouge & deux ceps au bas d'icelle où furent adjouſtez par trait de temps, quatre fleurs de lys par Benoiſt XIII, qu'ils portèrent au lieu de ſcapulaire. Alexandre III, l'an 1164 approuva depuis cet Inſtitut par une bulle expreſſe & le premier grand Maiſtre s'appelloit Garſia.

Quand ces Chevaliers ſont en quelque aſſemblée, ils portent une robbe blanche & ſur icelle, comme auſſi ſur la poiċtrine, une croix rouge de la forme que nous venons de dire. Le Pape l'an 1396 leur concéda de ſe marier une fois ſans toutefois prendre une seconde femme; ils eſtoyent jadis tenus de vivre comme Religieux en chaſteté perpétuelle; de ſorte que comme vous pouvez voir les premiers inſtituteurs de cet Ordre furent Sanche Roy de Caſtille, & Raymond Abbé de Fitere.

L'Ordre des gens d'armes de Jésus Christ institué par St-Dominique contre les Albigois hérétiques.

LES Comtez de Tholose & de Lombardie estans presque toutes infectées de l'erreur des Albigeois, St-Dominique prescha contr'eux avec un tel profit, qu'on tient qu'il en convertit iusques à cent mille, choisissant quelques dévotes personnes pour extirper par le glaive matériel ceux là de ces hérétiques qui ne se laisseroyent toucher du glaive spirituel de la parole de Dieu. A ceux-ci il ordonna une certaine reigle de vivre spirituellement par dessus le commun des Séculiers & au dessus de celle que meinent les Religieux. Ils furent appellez en ce temps-là les Frères de la milice de sainct Dominique.

Or ces hérétiques estans entièrement extirpez, ceux qui s'estoyent dédiez pour cet effect ne laissèrent pas de continuer ce genre de vie jusqu'à leur mort & leurs femmes les survivans, elles vivoient en continence & les hommes faisoient le semblable s'ils survivoient les femmes. Quelque temps après des personnes indifféremment mariez & non mariez ont embrassé ceste milice, qui fut finalement nommée des Frères ou des Sœurs de la pénitence de St-Dominique. Innocent VI approuva leur reigle l'an 1360.

L'Ordre des Chevaliers d'Alcantara au Royaume de Léon.

GOMESIUS Ferdinand, Chevalier & grand Seigneur entre ceux du Royaume de Léon, ſous les auſpices de Ferdinand Roy de ce Royaume & de Galice, inſtitua ceſte Chevalerie contre les Mores qui eut au commencement le nom de St-Julian de Pirario; d'autant que la première maiſon qu'ils eurent eſtoit en un bourg ainſi nommé. Le Roy ſe déclara protecteur de cet Ordre par lettres expreſſes l'an 1176. Et le Pape Alexandre III l'approuva. Et l'an 1183 le Pape Lucius troiſieſme, le confirma & l'exempta de la juriſdiction des diocéſains. Leurs armes furent un poirier vert en champ d'or juſques au temps qu' Alphonce huictieſme donna aux Chevaliers de cet Ordre Alcantara; place ſituée au bord du fleuve Tagus (remarquable en l'ingénieuſe ſtructure de ſon pont; par l'incorporation qu'il en fit avec ceux de l'Ordre de Calatrave auxquels ce lieu avoit efté premièrement donné, mais par raifon d'eftat remis à ces derniers avec convention toutefois, qu'ils feroient fubjets à ceux-là. Pour marque de quoi, par l'ordonnance de leur grand Maiftre, furent adjouftez deux ceps qui eftoient en la devife des autres, & furent appellez par après Chevaliers d'Alcantara. Finalement l'an 1411, les Chevaliers de cet Ordre obtindrent du Pape Benoift treiziefme, qui fe difoit Pape en Efpagne, de porter fur la poitrine vers le cofté gauche, la Croix verte faite en forme de lys. Ils vivent fous la reigle de Sainct Benoift & promettent en leur profeffion obéïffance à leurs fupérieurs, chafteté conjugale & de vivre le plus fainctement qu'il leur fera poffible tous les jours de leur vie. Le Pape Adrian fixiefme annexa depuis en faveur de Charles le V, jadis fon difciple, ces trois Ordres de Sainct Jaques, Calatrave & Alcantara à la Couronne de Caftille & de Léon à perpétuité.

L'Ordre des Chevaliers de la Glorieufe Vierge Marie en Italie.

L'AN mil deux cens trente-trois, Barthélemy de Viceney, de l'ordre des Frères Prefcheurs, fut autheur de ces Chevaliers qu'il inftitua pour concilier la paix par les villes d'Italie & exterminer toute efpèce de difcorde et de divifion. Le Pape Urbain IV, l'an mil deux cens foixante et deux l'approuva. Leur habit eftoit une robbe blanche & une robbe grife & portoient pour leur devife une Croix pourprée en champ blanc, avec quelques Eftoilles au deffus. Leur devoir eftoit de prendre en leur protection les veuves & les orphelins & de procurer la paix & concorde entre les autres. Ils ont efté appellez les Frères Joyeux, d'autant qu'ils vivoient paifibles & contents en leurs maifons avec leurs femmes & enfans, ainfi que dit Sigonius, & autres.

L'Ordre des Chevaliers de Montefe au Royaume de Valence.

LES Chevaliers de Montefe furent ainfi appellez du lieu principal de leur réfidence, ayant efté inftitués au mefme temps que celui des Templiers fut aboli; de forte que tous les biens que ceux ci pofsédoient au Royaume de Valence furent confignez à ceux de Montefe à condition de défendre & garder les frontières de Valence à l'encontre des Mores. Leur ordre fut approuvé par Benoist XIII, & Martin V. Ils portent l'habit blanc, & par dessus une croix rouge toute simple.

L'Ordre des Chevaliers de Jésus Christ en Portugal.

DENYS, surnommé Perioca, Roy de Portugal, neveu d'Alphonce X Roy de Castille & de Léon, institua cet Ordre appellé communément de Portugal, ou de Christ. Il ordonna que leurs blazons seroient une robbe noire & une croix noire coupée d'une autre blanche y attachée. Le Pape Jean XXII, l'an 1321, leur prescrivit de tenir la reigle de St-Benoist. Leur devoir est de faire la guerre aux Mores qui habitent la Betique. C'est par leur vertu que l'Empire des Portugais s'est estendu jusques bien avant en l'Orient & encores en Afrique, au Brasil, & autres parties Occidentales.

L'Ordre des Chevaliers de la Banca, & de la Scama, entre les Efpagnols, & de la Calza entre les Vénitiens.

L'AN 1332, Alphonfe II, Roy de Caftille, devant qu'il fuft parvenu à la royauté inftitua en la ville de Victoria l'Ordre des Chevaliers de la Bande, ainfi appellez, d'autant que le jour qu'ils eftoient ordonnez par le Roy, comme grand Maiftre de cefte Chevalerie, il leur pendoit une bande rouge large de 4 doigts en escharpe, du deffus de l'efpaule droite au deffous du bras gauche. Les enfans des nobles y estoient admis après avoir efté au moins dix ans aux armées, excepté les aifnez. Il a efté fort eftimé autrefois, mais en fin pour ne point démentir la viciffitude des chofes humaines, il eft defcheu. Quant à celui de la Scama, Jean II, Roy de Caftille, en fut autheur & fut en fort grand honneur de fon règne au rapport de Hiérofme Romain, bien qu'il dife n'avoir pu apprendre que c'eftoit que de la Scama quelque recerche qu'il en ait pu faire.

A l'imitation des Chevaliers de la Bande, les Vénitiens inftituèrent au mefme temps ceux de la Calza prefque avec les mefmes loix. Aucun n'y pouvoit eftre receu par le Duc ni par le Sénat, qui ne fuft noble d'extraction. Cet Ordre ſe renouvella l'an 1562, & fut favorisé de nouvelles graces & privilèges. André Etten, excellent en l'Anatomie & Médecine & bien versé en toutes ſciences, ne trouve pas qu'ils ayent eu autres armes qu'un collier d'or où pendoit l'image de St-Marc, ou d'un lyon aiſlé avec cet Eloge: ***Pax tibi, Marce.*** Encor le dit-il par conjecture, fondée ſur ce que le Duc & le Sénat de Veniſe voulans dignement récompenſer pluſieurs grands perſonnages d'entr'eux qui avoient obligé la République par quelques ſignalez ſervices, ils les ordonnoient Chevaliers & leur donnoient ce collier d'or avec ceſte deviſe.

L'Ordre des Chevaliers Aveſiens vulgairement appellez des Advis en Portugal.

LES Chreſtiens s'eſtans rendus les maiſtres de la ville d'Ebora, célèbre en Portugal pour le séjour ordinaire qu'y faiſoyent les Rois; le Roy Alfonce recognoiſſant que ſon aſſiette & ſa force eſtoyent tout propres à guerroyer les Mores, il y eſtablit la principale demeure des Chevaliers qui ſe nomment au Royaume de Caſtille de Calatrava, & en Portugal des Advis lesquels furent toutefois appellez au commencement Eboreaces, du nom d'Ebora, ville qu'on tient leur avoir esté donnée par Ferdinand Monteyro leur premier grand Maistre, en l'honneur de la Vierge Marie, patrone de l'Ordre de Cisteaux afin que par leurs continuelles courses sur les Barbares ils les contraignissent enfin de vuider le pays.

Or leur troisiesme grand Maistre, qui s'appelloit Alphonse Avensis, ayant conquis sur les infidèles le chasteau Avisin, il le donna à la compagnie, laquelle il transporta afin d'estre plus près de leurs ennemis & de les traverser davantage. Depuis le nom de ce chasteau leur est demeuré. Cet Ordre fut confirmé par Innocent III l'an 1204. Au reste, Roderic Garzia huictiesme grand Maistre de Calatrava ayant enrichi de plusieurs grands revenus ces Chevaliers Avisins, ils se sousmirent aux loix & réformations de son Ordre, sous le gouvernement duquel ils demeurèrent jusques au temps de Jean leur grand Maistre, qui fut fils naturel de Pierre VIII, Roy de Portugal. Car ce Roy à la sollicitation (comme il est croyable) de son fils sépara cet ordre des Avisiens d'avec celui de Calatrava, leur ordonnant qu'ils portassent doresnavant une croix verte sur un tronc auc :nement long en leurs blazons, en ayant osté le poirier à la distinction des Chevaliers d'Alcantara, bien qu'ils la portassent rouge auparavant telle que la portoyent les Chevaliers de Calatrava, ainſi qu'il ſe voit en l'ancien ſeel de l'ordre, où eſtoyent à la baze de la croix, ainſi que dit François Radoſius, deux petits oiſeaux. Ils ſuivent la reigle de Ciſteaux. Quoi que c'en ſoit, Radoſius confond bien à propos ces deux ordres des Aviſiens & de Calatrava, puis qu'en fin par traict de temps, de deux ne s'en eſt fait qu'un & au contraire Volaterran s'eſt trompé qui les joint avec ceux d'Alcantara, comme l'a remarqué Hiéroſme Romain & Gonſalve Argotes de Melina au livre 1, chap. 32, de la Nobleſſe d'Eſpagne.

L'Ordre des Chevaliers de la Table Ronde.

ON dit qu'Artus Roy d'Angleterre ayant choiſi vingtquatre gentilshommes les plus belliqueux & les plus expérimentez aux armes qu'il peut, il les ordonna Chevaliers & comme eſtans eſgaux en vertu il les aimoit eſgalement, pour leur oſter tout ſujet d'envie & qu'il vouluſt en favoriſer l'un plus que l'autre, il fit faire une table ronde où ils prenoyent ordinairement leur repas, en laquelle comme il n'y avoit ni haut ni bas bout, & en ce faiſant nul ne ſe pouvoit dire ni premier ni dernier aſſis, ni plus ou moins honoré que ſon compagnon & de là ils ont eſté nommez Chevaliers de la Table Ronde. Le menu peuple d'Angleterre croit que ceſte table eſt gardée au chaſteau de Winton & que deſſus ſont gravez les noms de ceux qui ont eſté de ceſte Chevalerie.

Guillaume Camdene croit l'inſtitution de cet Ordre plus récente & la rapporte à la couſtume qu'on avoit autrefois de faire des Tournois, où l'on ne s'exerçoit aux armes; car afin que les premières ou dernières places ne donnaſſent quelque ſujeƈt de querelle aux grands qui y aſſiſtoyent, l'on n'uſoit que de tables rondes où ils s'aſſeoyent indifféremment, ſans prendre garde qui eſtoit le premier ou le dernier.

L'Ordre des Chevaliers de la Jartière en Hiéruſalem.

LE Roy Edouard III d'Angleterre inſtitua cet Ordre de la Jartière l'an 1350 pour purger le ſoupçon qu'aucuns avoyent pris de la Comteſſe de Salisbury qu'il aimoit ſagement, de laquelle il avoit levé la jartière bleue qui lui eſtoit tombée en dançant & adjouſta pour devife: *Honni foit qui mal y penfe*, à caufe que les gentilshommes qui eftoyent là préfens s'estoyent pris à rire. Difant qu'il feroit en forte que cefte jartière lui rendroit tout honneur & révérence; ce qui advint par l'inftitution de cet ordre de Chevaliers auxquels il en donna le nom. D'autres difent que cet Ordre print fon nom d'une bande qu'Edouard donna aux fiens pour mémoire perpétuelle de la victoire que ce Roy avoit obtenue à Poictiers contre Jean, Roy de France. Ils mettent cefte bande au deffous du genouil gauche, laquelle ils attachent avec une boucle en figne de l'amour & concorde qui doit eftre en cefte fociété & fur leurs manteaux portent attachée la croix rouge de fainct George dans un efcu. Pour le grand collier de l'Ordre qu'ils ont couftume de porter au jour de leur création, il n'eft autre que leur jartière reprife a plufieurs doubles, où font entremeslées des rofes blanches & noires, d'où eftoit pendante l'image de St-George, lequel il voulut eftre leur Patron en l'honneur duquel il avoit fait baftir une Eglife fort magnifique au chasteau de Windeffore quelque temps auparavant. D'autres rapportent encore l'invention de cette milice à Richard premier & difent qu'Edouard ne la fit que renouveller, mais cela eft trop incertain. Quoi que ce foit, les folennitez de cet Ordre fe célèbrent tous les ans à jour préfix en ce chafteau de Windeffore le jour de la fefte de fainct George, le Roy y préfidant.

L'Ordre des Chevaliers du Bain en Angleterre.

NOUS n'avons rien de certain de ces Chevaliers, ſinon que Henri IV Roy d'Angleterre, le jour qu'il fut ſacré au chaſteau de Londres, il créa Chevaliers 46 eſcuyers qui avoyent veillé la nuiƈt précédente & avoyent usé du bain, auxquels il donna à chacun des tuniques vertes à manchettes ſi longues qu'elles battoyent les talons, avec des mantes peluës qu'ils portoyent attachées à l'eſpaule gauche avec une cordelette de ſoye blanche double.

Le temps paſsé deux d'entre les nobles qui n'avoyent encore receu Chevalerie, eſtoyent choiſis pour eſtre admis à cet ordre avec beaucoup de Cérémonie, ce qui ſe faiſoit le jour du ſacre, ou des nopces des Rois ou des Roines, ou lors que quelques uns de leurs enfans estoyent inveſtis de quelque Duché ou Comté; car le jour devant ils eſtoient veſtus de robbes griſes approchantes de celles des Hermites, avec le cucule, le bonnet de lin & eſtans bottez & en cet accouſtrement ils entendoient devotement la Ste-Meſſe; puis quand le ſoir eſtoit venu ils alloient ſouper tous enſemble, deux eſcuyers ſervans un chacun d'eux avec un laquais. Après ſouper ils ſe retiroient en leur chambre où l'on avoit dreſsé à chacun ſon liƈt avec des courtines rouges où eſtoient attachées les armes de leurs maiſons & après eſtoit appreſté un vaiſſeau propre pour ſe baigner couvert de linceuls, où après s'eſtre recommandez à Dieu, ils ſe baignoient afin que doreſnavant ils ſe ſouvinſſent d'avoir tousjours le corps & l'eſprit net. Le lendemain de grand matin ils eſtoient réveillez au ſon de pluſieurs inſtrumens muſicaux & ſe veſtoient de meſmes accouſtremens que le jour précédent. Lors le Conneſtable d'Angleterre, un Mareſchal & autres deputez par le Roy les venoient trouver & les appellans par ordre chacun par leur nom ils leur propoſoient le ſerment qu'ils devoient faire, aſſavoir: de ſervir Dieu ſur tout, de deffendre l'Egliſe & d'honorer le Roy & deffendre ſes droicts, de prendre en leur protection les veuves, les vierges & les pupilles, & les maintenir de tout leur pouvoir. Après avoir juré ſur les Evangiles tous ces articles, ils eſtoient conduits à Matines les Muſiciens du Roy & ſes Hérauts marchans devant. Les Matines dites, ceux-là meſmes les remenoient en leurs chambres où ils ſe déveſtoient de leurs accouſtremens précédens & prenoient un manteau de veloux bleu-céleſte pour repréſenter que leur ardeur martiale eſtoit toute céleſte; & mettoient un chapeau blanc avec un pennache de plumes blanches & des gands qu'ils attachoient à leur manteau d'une petite corde blanche & puis ils montoient ſur des chevaux ſellez & houſſez de cuir noir meflangé de blanc avec une croix attachée fur le front. Leurs laquais marchoient devant eux portants leurs efpées dorées où pendoient leurs efperons femblablement dorez, leurs efcuyers eftans à cheval a leurs coftez & en cefte pompe ils venoient chez le Roy les trompettes fanfarans au devant. Et eftans ainfi arrivez en fa préfence ils font conduits par deux anciens Chevaliers, puis leurs laquais donnent leurs efpées avec leur pendant au grand Chambrier lequel les préfente au Roy en grande révérence pour les ceindre aux nouveaux Chevaliers, ce qu'il faifoit. Puis il commandoit aux anciens Chevaliers de leur chauffer les efperons & ceux-ci fouloient autrefois en finiffant cefte cérémonie leur baifer les genoux en leur défirant tout bien.

Or ces nouveaux Chevaliers ainfi ordonnez, avoient de couftume anciennement de couvrir la table du Roy, puis y difner tous enfemble, affis d'un mefme cofté. L'heure de Vefpres venue, ils alloient à la Chapelle & là offroyent leurs efpées fur l'Autel, lefquelles ils rachetoient d'une certaine fomme d'argent. En retournant, le maiftre cuifinier du Roy leur venoit au rencontre & leur préfentant fon cousteau les menaçoit de leur couper ignominieufement les efperons s'ils ne fe monftroient fidèles & bons foldats. Au jour du couronnement des Roys, ils les accompagnoient en pompe en leur rang, leurs efpées ceintes, efperonnez &

couverts de leur manteaux de couleur de bleu-célefte fermez devant d'un ruban de foye blanche noué en Croix, avec le capuche pendant devers l'efpaule gauche. C'eft ce qu'en dit particulièrement Guillaume Camdene. Le blazon de cet Ordre eft trois couronnes d'or dans un cercle d'or, avec cefte devife, ***Tria in unum,*** attachée à une bande de lin, teinte en efcarlatte.

L'Ordre des Chevaliers de l'Eftoille en France.

JEAN de Valois Roy de France au mois d'octobre l'an 1352, inftitua un Ordre de Chevaliers en mémoire de l'Eftoille qui conduifit les Roys en Bethlehem pour y adorer le Sauveur du monde nouvellement né; qui furent appellez les Confrères de noftre Dame de St-Audoen, pource que le lieu de leur réfidence s'appelloit ainfi, lequel eftoit efloigné de Paris environ plus ou moins une lieue; autrefois on l'appelloit le palais de Cheley, lequel leur fut donné avec l'Eglife & toutes les appartenances & dépendances qu'il y avoit. Au commencement l'on n'admettoit en cefte compagnie que les plus grands du Royaume. Leur blazon eſtoit une eſtoille pendue à un collier d'or, ou attachée au capuche de leur robe, ou bien quelque autre lieu plus apparent, avec ceſte deviſe, *Monſtrant Regibus Aſtra viam*. Mais comme pluſieurs perſonnes ignobles & roturières ſe fuſſent introduites en ceſte ſocieté ſous des faux donnez à entendre, elle deſcheut bientoſt de ſon luſtre, de manière que Charles fils de Jean, ordonna que ſes Gardes en porteroient les enſeignes pour le rendre plus vil. Aujourd'hui les Archers du Guet en la ville de Paris les portent ſur leurs caſaques.

L'Ordre des Chevaliers de l'Annonciade en Savoie.

AMEDÉE ſixieſme Comte de Savoye, ayant inſtitué cet Ordre, il le rendit célèbre par les grands & riches revenus dont il le fonda de ſon propre bien. Il voulut que le collier de cet Ordre fuſt composé de quatre petites lames d'or attachées à des chainettes d'or ſe tenans les unes aux autres avec des petits nœuds que l'on appelle lacs d'amour & ſur chacune de ces plaques eſtoit eſcrit ces quatre lettres : FERT, l'image de la Vierge Marie & l'hiſtoire de l'Annonciation pendante au milieu, de laquelle ceſte Chevalerie a pris ſon nom. Quant à ces quatre lettres elle ſignifioyent: *Fortitudo eius Rhodum tenuit;* ce qui fut dit à l'honneur d'Amedée, lequel, comme diſent les Annales de Savoye, oſta ceſte ville aux Turcs & la conquit à Jeſus Chriſt, ou pluſtoſt la défendit & conſerva contre leurs forces. De ſorte que depuis ce temps là les Chevaliers de Rhodes prirent les armes de Savoye; qui eſtoient meſlées à celles des Ducs de Saxe parce que les premiers Princes de ce Duché en ſont deſcendus; qu'ils adjouſtèrent à la Croix argentée de leur Ordre en un eſcu de gueulle, aſſavoir quand l'Iſle de Rhodes leur fut donnée par l'Empereur de Conſtantinople, & ceſte deviſe Fert demeura à Amedée & à ſes ſucceſſeurs en mémoire de ſa valeur. Les cerémonies de cet Ordre ſe réitèrent tous les ans le jour de l'Annonciation de la Vierge Marie & y ſont ordonnez Chevaliers ceux que le Prince choiſit. Quant au Comte Amédée il ne ſe contenta pas d'inſtituer cet Ordre, mais il voulut lui meſme y eſtre enrollé avec quatorze Seigneurs des plus apparens qui fuſſent en ſes pays avec leſquels il faiſoit le nombre de quinze en l'honneur des quinze myſtères de la très-ſacrée Vierge Marie.

L'Ordre des Chevaliers de la Toifon d'or chez les Bourguignons, & ceux de la maifon d'Auftriche.

PHILIPPES, furnommé le Bon, Duc de Bourgogne, pour l'amour qu'il portoit à la Nobleffe, l'an 1430, au mois de Janvier, érigea cet ordre le jour de fes nopces avec Elizabeth fille de Jean Roy de Portugal, à la gloire de Dieu, de fa fainĉte Mère, & de St-André Apoftre & pour exciter davantage les cœurs à l'exaltation de la fainĉte foy, & les mouvoir à la vertu. Il donna à cet ordre le tiltre de la Toifon d'or, faifant allufion à la toifon de Gédeon qui fut trouvée en l'air d'un cofté pleine de rofée & de l'autre feiche, ainfi que l'on void dans des tapifferies de fon temps que l'on tend à la fefte de St-André, jour dédié aux folennitez de cet ordre. Il eft vrai que quelques uns difent que ces Chevaliers ont eu leur commencement de la légion Thébéenne, mais cela eft trop obfcur pour y affeoir aucun fondement. Le Duc Philippes ayant donc érigé cet ordre, il s'en déclara le grand Maiftre & donna à ces nouveaux Chevaliers une robbe de laine tinte en efcarlatte que fon fils Charles le Hardi changea en une de foye au Chapitre de Valenciennes, & un collier d'or où eftoit enlafsé un fusil qui fembloit faire fortir du feu d'un caillou ; l'Emblesme de feu son père, & au bout de ce collier la toison d'or. Le tout avec obligation de remettre cela en l'ordre advenant qu'ils mourussent, pour estre donné à ceux qui le mériteroyent. Paradin en ses Symboles interprète ce blazon en sorte qu'au fusil il donne ceste devise: *Ante ferit quam flamma miscet* & à la toison: *Pretium non vile laboris.* Les premières charges de cet institut sont : le Chancelier, le Thrésorier, le Roy d'armes & le Greffier qui jugent sans appel de tous les débats qui interviennent entr'eux & des crimes s'il y eschet. Philippes n'en fit au commencement que vingt-cinq, mais trois ans après il en adjousta encores six, de sorte qu'ils estoyent trente & un. Depuis, Charles le quint pour les diverses provinces où il commandoit en augmenta le nombre jusques à cinquante & un; mais depuis le Chapitre tenu à Gand par l'autorité de Grégoire XIII, on accorda à Philippes II Roy d'Espagne, confirmée encores à Philippes III par Clément VIII, qu'ils pourroyent créer des Chevaliers hors de Chapitre quand il leur plairoit. Ces Chevaliers ne peuvent estre que des maisons qu'en Espagne ils appellent *Grandes.*

Richard de Wassebourg en ses antiquitez Belgiques, fait mention des anciens Chevaliers du Cygne instituez par Sulvius Brabon, duquel selon aucuns, le Brabant a pris son nom; leur donnant cet oiseau pour hiéroglyfique de la concorde qu'il vouloit estre en eux.

L'Ordre des Chevaliers du Porc-efpic en la maifon d'Orléans.

CHARLES Duc d'Orléans, qui fut après Roy de France & fixiefme du nom à l'imitation de Philippes Duc de Bourgogne, érigea l'ordre des Chevaliers du Porc-efpic, portans en leurs baudriers la figure de cet animal avec ce fymbole : *Cominus & Eminus*, comme dit Paul Joue. Aucuns n'eftoyent enrollez en cefte compagnie qu'ils ne fuffent de grande nobleffe & de grande perfection aux armes. Depuis, Louys douziefme Roy de France & pourtant Duc d'Orléans & Comte de Blois comme fon héritier, print la devife d'un Porc-efpic couronné, avec cefte infcription : *Ultus avos Troiæ*, fur la monnoye mefme il en fit graver la figure, laquelle avec celle du loup eftoit anciennement les armes des Comtes de Blois. Qui fut caufe que Charles print cefte devife, ce fut que le Porc-efpic fe deffend de près & de loin contre les chiens, leur dardant à guife de fagettes fes picquerons, & Charles pour faire paroiftre qu'il fe tenoit asfeuré contre tous revers de fortune & tousjours preft de fe deffendre contre quiconque l'offenferoit, le donna pour blazon à ces Chevaliers.

L'Ordre des Chevaliers du Chardon de la Vierge Marie, en la maison de Bourbon.

LOUYS second Duc de Bourbon surnommé le Bon, fils de Pierre premier qui fut tué en la bataille de Poictiers que le Roy Jean eut contre l'Anglois, après avoir servi le Roy Charles V, & Charles VI contre ces peuples leurs ennemis. Retourné qu'il fut d'Afrique où il avoit conduit une armée contre les infidèles, lors que par les factions des maisons d'Orléans & de Bourgongne le royaume sembloit estre arrivé à sa dernière ruine. Le Bourguignon ayant institué l'ordre de la Toison, & l'Orléanois celui du Porc-espic, il institua l'ordre des Chevaliers du Chardon de la Vierge pour authoriser d'avantage son pouvoir qu'il employa entièrement à l'assistance & protection de Charles Duc d'Orleans, de Philippes Comte d'Evreux & de Jean Comte d'Angoulesme pupilles de Louys Duc d'Orléans son nepveu, contre le Bourguignon qui l'avoit misérablement occis. Le collier de cet ordre estoit d'or tissu de fleurs de lys avec un entrelacs en esgale distance de feuilles de chardon, d'où pendoit une croix & autour ceste devise: *Espérance.* Ce Prince honora de cet ordre les gentilshommes qui avoyent rendu quelque fervice fignalé à la maifon de Bourbon & quant à lui, il s'en déclara le grand Maiftre. En figne de quoi, il adjoufta à fes armes le collier qui eftoit tout parfemé de fleurs de lys, le tout en champ d'argent & de gueulles fur un efcu de couleur bleuë avec cefte infcription : *Efpérance*. Quant à cet emblefme composé de lys & de chardons, le Duc Louys a voulu fignifier fa conftance contre toutes les adverfitez qui lui pourroyent arriver & mefmes qu' il avoit efpérance de plus grandes profpéritez, le chardon par fes feuilles picquantes repréfentant ce qui afflige & le lys qui a tousjours les feuilles vertes l'efpoir, comme de tout temps il en a efté le hiéroglyfique entre les anciens.

L'Ordre des Chevaliers de St-André du Chardon, & de la Rüe au Royaume d'Efcoffe.

HUNGUS Roy des Efcoffois fur le point de donner la bataille à Althelftam Roy des Anglois, il lui apparut au ciel une Croix fort lumineufe de la figure de celle fur laquelle St-André mourut martyr pour noftre Seigneur. Ce qu'ayant pris pour fon augure il choqua fon ennemi, le vainquit & mit à mort & tailla en pièce toute fon armée. En mémoire de laquelle victoire qu'il avoit obtenue, comme il eft incroyable, par les mérites de ce glorieux Apoftre, ce Roy voulut que cefte croix fut gravée fur fes armes & peinte aux enfeignes qu'on portoit en fes armées. Ce qu'encor obfervent religieufement les Roys d'Efcoffe. De là prit origine l'ordre des Chevaliers de St-André, célèbre en ce royaume, appellez communément les Chevaliers du Chardon. Les armoiries & monnoye du Roy font enfermées dans le collier de cet ordre plein de chardons avec cet éloge: *Nemo me impunè laceffit* d'autant qu'on ne peut manier le chardon fans fe picquer. La figure de ce collier eft telle, c'eft un chardon d'or repris à plufieurs nœuds, dans lefquels font entez des fleurs de chardons portans attaché en bas l'image de St-André tenant devant foi la croix de fon martyre. Les armes réveftues de ce collier font un lyon rouge ancien & premier blazon du Roy Fergus, dans une mante de bleu célefte, frangée à fes bords de deux lignées tirées en rouge, avec deux rangs de lys enflez vis à vis d'un filet d'or que Charlemagne joignit aux armes d'icelle en tefmoignage de l'alliance qu'il traicta avec les Efcoffois & le Roy Achaius, qui eft encor aujourd'hui en fon entier. D'autant que fi le lyon eft l'armoirie de ce royaume, le lys l'eft de la France, de laquelle eftoit Roy cet Empereur, lequel, non content de cela, pour confirmer davantage cefte amitié jurée il adjoufta au cercle de la couronne d'Efcoffe quatre lys d'or avec quatre croix de mefme efgalement diftantes les unes des autres, les lys toutefois un peu plus eflevez, afin qu'il parut à tout le monde que lors ce peuple excelloit en l'obfervation de la Religion Chrestienne & intégrité de la foy. Quelques uns rapportent l'inftitution de ces Chevaliers à Charles VI Roy de France, qui renouvella l'ancienne alliance des François avecques ceux d'Efcoffe & qu'en recognoiffance du fecours qu'ils lui avoyent rendu en fes plus défefpérées affaires, il accreut leurs armes de celles de France. La première opinion eft plus certaine.

Entre les Efcoffois a encore fleuri l'ordre des Chevaliers de la Rûe. Ses enfeignes eftoyent un collier fait de deux branches de rûes ou de chardon, où pendoit l'image de fainct André avec fa croix. Il ne fe trouve rien de fon origine.

L'Ordre des Chevaliers de faincte Marie, ou de l'Eléphant.

EN Dannemarc a fleuri l'Ordre que l'on dit avoir efté inftitué par le père de Chriftiene

Roy de ce royaume. Ses blazons ſont un collier ſemé d'Eléphans ayant leurs tours & chaſteaux ſur le dos, avecques des eſperons entrelaſſez, portans en bas l'image de la Vierge Marie ceincte de rayons où tient une petite médaille d'or ſur laquelle ſont gravez trois cloux, repréſentans ceux avec leſquels noſtre Seigneur fut attaché à la croix. Les armoiries de ces Rois, qui ſont trois lyons verds en champ d'or ſemez de larmes de ſang, ou de cœurs d'hommes, ſe voyent environnées de ce collier.

Or, les Rois de Dannemarc ont donné le tiltre d'Eléphans à ceſte Chevalerie & en ont orné leurs armes, d'autant que ces animaux ſemblent approcher le plus de la nature de l'homme & reluire, par manière de dire, en toutes vertus: comme de force militaire, de providence, de religion, de piété & de clémence royale, afin que ceux qui en ſeroyent honorez ſe ſouvinſſent de s'avancer d'autant plus en la perfection de ces vertus ſur ces animaux, que la nature de l'homme eſt plus excellente que la leur.

L'ordre des Chevaliers de Cypre.

LA maiſon de Luſignan qui a donné tant de Rois & de Princes à la Chreſtienté, particulièrement au royaume de Hiérufalem, d'Arménie & de Cypre a donné commencement à cefte Chevalerie, encor qu'on ne fçache pas en quel temps. Ses enfeignes eftoyent un collier fait d'un cordon d'or où eftoyent enlaffez de grands charactères & au deffous pendoit une efpée ayant la lame d'argent & la poignée d'or, qu'entouroit cefte devife françoife : *Pour loyauté maintenir*, pour apprendre à ceux qui eftoyent de cet ordre qu'ils ne devoyent jamais laiffer paffer l'occafion de fe monftrer généreux & d'un grand courage, ne portant l'efpée que pour cela, & qu'ils devoyent conferver entr'eux la concorde & l'amitié pour la défenfe de la patrie, la terre Sainčte dénotant le filence entre les anciens Romains. Les armes de ceux de la maifon de Lufignan font ceintes de ce collier.

L'Ordre des Chevaliers de la Colombe & de la Raifon en Caftille.

JEAN I Roy de Caftille, pour exciter fes courtifans & gentilshommes à entreprendre quelque chofe de grand & digne du rang qu'ils tenoyent, inventa cet ordre l'an 1300. Leurs blazons eſtoyent la figure d'une Colombe, où pendoit un collier d'or entremeſlé de rayons ſolaires, leſquels colliers eſtant à Ségobie le jour qu'on célébroit la feſte de St-Jaques, il en diſtribua dedans la grande Egliſe un grand nombre, les prenant ſur l'autel avec beaucoup de cérémonie & de ſolennité, & les donnant à ceux qu'il vouloit faire de cet Ordre, avec un livre des conſtitutions qu'il déſiroit qu'ils obſervaſſent.

Ce Roy inſtitua une autre Chevalerie qu'il nomma de la Raiſon, moins noble que la première, à laquelle il admettoit les gentilshommes de moindre marque, mais néantmoins qui ſe portoyent valeureuſement aux exercices militaires, comme à courir la lance & autres.

L'Ordre du Dragon entre les Allemans & les Hongres, du Tuſin en Bohême, & des Diſciplines en Auſtriche.

L'EMPEREUR Sigiſmond a teſmoigné un ſi grand zèle à l'advancement de la religion Chrestienne, qu'il ne s'eſt contenté d'avoir livré pluſieurs combats aux Turcs & d'en avoir remporté plusieurs grandes victoires, mais encore à sa sollicitation ont esté tenus deux Conciles généraux, l'un à Constance & l'autre à Basle, pour l'extirpation des hérésies & du schisme qui travailloit pour lors la Chrestienté & spécialement en Bohême & en Hongrie. Et pour comble de ceste sienne dévotion il érigea l'Ordre militaire du Dragon; ainsi nommé, d'autant que les Chevaliers portoyent pour devise un dragon précipité; pour tesmoigner que par son moyen le schisme & l'hérésie (dragons de la religion) avoyent esté vaincus & supplantez.

Hierosme Romain dit que du temps du Roy Jean & des Empereurs Sigismond & Albert, il y avoit en Allemagne trois Ordres illustres & insignes & qu'un nommé Moyse Didaco de Valera, Espagnol, pour la force & valeur les obtint toutes trois, assavoir d'Albert de Draconique, comme Roy de Hongrie. Du Tusin, comme Roy de Bohême & du collier de l'ordre des Disciplines enrichi d'une Aigle blanche (qui sont les armes des Roys de Pologne estant en champ de gueule) comme Duc d'Austriche. Aux histoires de Hongrie est faite mention des Chevaliers Hongrois desquels le blazon estoit une Croix verte attachée à un manteau d'escarlatte. Hierosme Megyserus Historiographe de l'Archiduc d'Austriche, au traicté qu'il a fait des trois genres de Chevaliers, dit que cet ordre a esté institué il y a deux cens ans en Hongrie pour s'opposer aux Turcs qui taschoient de l'occuper.

Ordres militaires au Royaume de Suède.

LE foin qu'ont eu autrefois les Roys & Princes des Gots, de faire perpétuer aux fiècles à venir l'honneur & la gloire qu'ils avoient acquife par les armes, fe remarque en leurs armoiries, drapeaux, blazons & boucliers qu'ils ont laiffez gravez en plufieurs lieux en la Flandre Auftrale dans le magnifique port d'Angoe, ville où les Roys de Suède prenoient les réfolutions de la paix ou de la guerre. On void encore fur des rochers, gravez par ordre alphabétique, les anciennes armoiries des excellents perfonnages qui ont autrefois flori entre ces peuples là. Ces Roys avoient anciennement pour devife deux Vierges couronnées, veftues de drap d'or, s'embraffans mutuellement dans une foreft verdoyante comme faifant gloire par là des belles Nymphes & Déeffes qui fréquentoyent en cefte Province. Après quelques fiècles toutefois, les Princes de Suède prindrent pour leurs armes trois couronnes en champ d'azur à caufe de la grande eftendue de leur domination, leurs magnifiques expéditions en guerre & l'inefpuifable abondance des métaux qui fe trouvent en ce pays. Depuis qu'ils fe furent convertis à la foy, ils inftituèrent les Ordres militaires à l'imitation des autres Princes Chreftiens, defquels l'un, avoit pour blazon un carquan d'or fait de plusieurs Chérubins & Séraphins attachez les uns aux autres & entremeslez de Croix Patriarchales, le tout enrichi de l'image de nostre Seigneur.

L'Ordre des Chevaliers du Glaive & du Baudrier en Suède.

IL y a eu un autre ordre en Suède appellé des Porte-espées, à cause que leur collier estoit estoffé d'espées d'or jointes les unes aux autres par un Baudrier & lesquelles se sembloyent choquer de leurs pointes ensanglantées comme symbole de la Justice & des armes, les deux colomnes d'un estat. Leur blazon estoit un bouclier d'or qui avoit la bosse roussoyante où estoit peint un lyon jaune & rempant, à l'entour duquel il y avoit trois couronnes royales avec autant de clochettes rouges; dessus ce bouclier estoit un heaume couronné d'une couronne murale argentée & couverte d'un pennache verd, de laquelle sortoyent 2 enseignes argentées, lesquelles portoyent peintes en leurs drapeaux 2 coqs rouges. Depuis que ce pays a eu changé de religion cet ordre a esté entièrement esteint.

L'Ordre des Chevaliers de l'Efpic en Bretagne.

FRANÇOIS premier de ce nom, Duc de Bretagne, fils de Jean cinquiefme & nepveu de Jean quatriefme furnommé le Conquérant, qui tranfporta le premier ce Duché en la maifon de Montfort defcendue de ce grand Everard de Montmorency ; inftitua l'an mil quatre cens cinquante, l'ordre de l'Efpic, tant pour honorer la mémoire de fon ayeul que pour décorer davantage fa nobleffe. Il donna à ceux qu'il y admit un collier d'or trefsé d'efpics de bled, & nouez en lacs d'amour leurs queues fe jettans derrière, le tout revenant prefque à la forme d'une couronne de Cérés. A ce collier pendoient à deux chainettes, une Héremine deffus une petite colline verte avec cefte devife de Jean le Conquérant: *Amaire* fymbole d'une âme pure & généreufe. Cet animal, felon Pline, eftant fi amoureux de pureté que s'il eft pourfuivi des chaffeurs, fe voulant fauver dans fon clapier, s'il en trouve l'entrée fale & vilaine il aime mieux fe laiffer prendre que d'y entrer & fe fouiller en y entrant. Anne, fille de François fecond Duc de Bretagne & de Marguerite de Foix, fille de Gafton de Foix & de Eléonor Royne de Navarre, print prefque une femblable devife, affavoir: *Pluftoft mourir,* ainfi que l'on void encores aujourd'hui au chasteau de Bloys.

Cet ordre des Chevaliers de l'Espic print fin, lors que la Duché de Bretagne fut incorporée à la couronne de France par le mariage de la susdite Anne avec Charles huictiesme. Depuis le décés de cestui ci; à Louys douziesme Roy de France.

L'Ordre des Chevaliers du Croissant entre les Angevins & Siciliens.

RENÉ Duc d'Anjou & Roy de Sicile, de Naples & Hiérusalem, fonda cet Ordre en l'Eglise de Sainct Maurice, Cathédrale de la ville d'Angers & donna à ceux qu'il y admit un collier d'or, où estoit attaché un croissant avec ceste devise: *Lors en croissant*. Personne n'estoit receu en ceste Chevalerie si premièrement il n'avoit rendu quelque signalé tesmoignage de sa valeur, ce que l'on reconoissoit au nombre des combats ausquels il avoit assisté, par des petits bastons enfermez chacun avec un anneau qui leur pendoit du col, avec une petite bande.

Les premiers qui furent honorez de cet ordre

furent Jean frère aifné du Roy fufdit, qui eftoit Duc de Lorraine & de Calabre; le Vicomte de Ballote & Eftagi Bertrand Seigneur de Beauvais & autres, les noms defquels font en cefte Eglife de Sainct Maurice d'Angers. Ces Chevaliers eftoient obligez de participer & comuniquer efgalement à la fortune bonne ou mauvaife, des uns ou des autres & de fe prefter charitablement aide & fecours en toute néceffité fans qu'aucun peuft offencer l'autre par armes. La famille d'Anjou ayant efté efteinte par la mort de ce Roy, cet ordre print fin auffi.

L'Ordre des Chevaliers de la navire ou de la Coquille.

LES François eftoient anciennement fort fçavans & expérimentez aux armes, felon que le rapportent Pacatus, Apollinaris, & Sainct René. S'adonnans à la marine avec une telle affection, qu'ils arreftèrent, que, fi en quelque nation que ce fuft, ils baftiffoient une ville pour y faire leur demeure, fes armoiries feroient une navire. Ceux-ci difent qu'ils pouvoient bien avoir appris cefte expérience des Gépides qui ont autrefois tenu tout l'Océan Germanique: s'y eftans en fin rendus fi bons maiftres, qu'ils ont excellé tous les autres peuples par de fi belles expéditions d'outre-mer, en tefmoignage dequoi, St-Louys fit marquer certaine monnoye d'un navire & de coquilles de mer. Et c'eft l'ordre d'une certaine Chevalerie en France, qui portoit pour devife deux navires de couleur noire dans un efcu en champ d'or fait de coquilles de mer, dans lefquelles eftoient deux demies lunes de couleur rouge, pour mémoire de tant de victoires que les Roys de France ont emportez fur les Barbares de l'Orient & de leurs drappeaux qu'ils leur ont enlevez marquez de la figure de cet aftre nocturne; lequel eft l'enfeigne des Turcs, comme l'aigle eftoit des Romains, l'ayant pris de l'ancienne Byzance qui l'avoit pour fes blazons; ainfi que Lypfius dit l'avoir obfervé dans Burbec, & de certaines médailles antiques, au revers defquelles eftoit une demie lune avecques cefte infcription: BYZANTIΩN.

L'Ordre de St-Michel en France.

LOUYS VI tranfporta des Romains aux François la couftume que les Grands ont de porter un collier d'or, lors, dit Gaguin, que le 1 d'Aouſt l'an 1469 il inſtitua à Amboiſe l'ordre de St-Michel, qu'il augmenta de nouvelles constitutions au Pleſſis lez Tours, donnant pour deviſe à ceux qu'il admit à ceſte Chevalerie le collier d'or tiſſu de coquilles attachées les unes aux autres; à guiſe de celles que les Sénateurs Romains portoient ſur le bras un peu eſlevées en dehors, avec ceſte deviſe: *Immenſi tremor Oceani;* provoqué à cela par l'exemple de ſon père Charles VII, qui avoit en ſes enſeignes l'image de cet Archange lors qu'il fit ſon entrée à Rouen, à cauſe que par un miracle ſpécial il avoit eſté vu ſur les ponts d'Orléans deffendant ceſte ville-là contre les Anglois en un aſſaut qu'ils lui livroient. Au commencement le nombre de ces Chevaliers n'eſtoit que de trente des plus grands & plus vertueux du Royaume, deſquels le Roy voulut eſtre le grand Maiſtre. Or, ceux qui ſont admis à ceſte compagnie, s'obligent par promeſſe particulière d'obéir au Roy & n'en peuvent eſtre caſſez ſi ce n'eſt pour crime d'héréſie où de lèze Majeſté, où pour avoir quitté ſon rang en guerre & s'en eſtre fuy par couardiſe. Or, lors que quelqu'un eſtoit mort, il falloit en eſlire quelqu'un en ſa place, on ne le faiſoit point par vœux & suffrages, mais avec des petits billets ſignez que les Vénitiens appellent balottes, qu'on mettoit en un baſſin après que le Chancelier les avoit comptez. Celui qui en tiroit le plus eſtoit receu par le Prince en la place du décédé avec ces paroles: *L'Ordre te tient pour frère & compagnon.* C'eſt pourquoi il te donne ce collier, plaiſe à Dieu que tu le portes long temps. Après cela en ſigne d'amitié il baiſe chacun des Chevaliers. Cet ordre a ſon Chancelier, ſon Thréſorier, ſon Porte-baſton nommé St-Michel, & ſon Greffier qui tient regiſtre des noms & beaux exploicts des Chevaliers. Nos Roys honorent encores de cet ordre des Princes eſtrangers en teſmoignage d'amitié, leſquels s'ils ſe veulent déclarer leurs ennemis ils leur renvoyent l'ordre pour eſtre libérez de leur ſerment.

L'Ordre des Chevaliers de St-George de Carintie.

RODOLPHE d'Habſpurg, qui fût le premier de la maiſon d'Auſtriche qui parvint à l'Empire; pour deffendre la Hongrie, la Styrie & la Carintie contre les armes des Turcs qui ſembloient les menacer de ruine; inſtitua l'ordre de St-Georges & donna au Maiſtre-Général d'icelui une ville de Carintie de fort belle aſſiette pour y faire ſa demeure ordinaire & l'honora de la dignité de Prince. Il voulut encore que l'Evesque de la cité, venu d'Austrie, dépendist de lui pour le temporel avec ses Chanoines, qui furent transportez à cause de cela en la forteresse & portèrent la Croix rouge de St-Georges dans les armoiries de leurs maisons. Et à ce que rien ne manquast à la splendeur de ce nouvel ordre, cet Empereur lui transféra les chasteaux & domaines des Toparchs & Cranichbeg tout fraischement occis avec leurs familles; assavoir les terres de Trautmandorf, Scarfenech, & de saincte Patronille.

Bernard de Luxembourg en son livre qu'il a fait des Ordres Militaires dit, que celui de St-Georges fut institué du Pape Alexandre VI & de Maximilian Empereur contre les Turcs, dont les blazons furent une Croix d'or, avec une couronne dans un anneau d'or.

L'Ordre de la Croix de Bourgongne au Royaume de Thunes.

CHARLES le Quint Empereur & Roy des Espagnes, après avoir remis Muleasses Roy de Thunes en son Royaume, qui en avoit esté chasé par cest insigne Corsaire Barberousse; estant entré en pompe comme victorieux dans Thunes, portant un manteau ſur lequel il y avoit une Croix de Bourgongne, laquelle il avoit accouſtumé de porter en la guerre. Comme il eſtoit d'un grand & magnanime courage & qui deſiroit ſe concilier la bienveuillance d'un chacun, déſirant meſme recognoiſtre la valeur de ceux qui l'avoient aſſiſté en ceſte conqueſte, en mémoire auſſi de ceſte ſignalée victoire, il inſtitua l'ordre de la Croix de Bourgongne l'an 1535 le jour de St-Marie Magdelaine; à laquelle Croix il adjouſta un fuſil qui tiroit des eſtincelles de feu d'un caillou, avec ceſte inſcription: *Barbaria.*

L'Ordre des Chevaliers de St-Eſtienne en la Toſcane.

COSME de Médicis premier Duc de Florence, l'an 1561 inſtitua l'Ordre de St-Eſtienne Pape & Martyr; au jour duquel il avoit gaigné la bataille de Marciano, le 6 jour d'Aouſt, & en la meſme année le Pape Pie IV le confirma. L'an 1561, le premier jour de Février, leur octroya tous les privilèges qu'ont ceux de

Malte ſous la reigle de St-Benoiſt; à condition que tous ceux qui voudroyent eſtre de cet Ordre feroyent vœu de charité, chaſteté conjugale & obédience, ſans admettre perſonne s'il n'eſt noble & né en légitime mariage & nommément Catholique et ſans note d'infamie. Ils portent une robe de camelot blanc avec une croix rouge ſur le coſté gauche, tant au manteau qu'à leur habit ordinaire, & ſont tenus de porter les armes pour la défence de la foy Chreſtiene, tant par mer que par terre & de racheter les priſonniers Chreſtiens & ſubvenir aux pauvres, & de dire chacun jour cent *Pater noſter* & cent *Ave Maria* pour leur ſervice ordinaire; & à certains jours ſolennels ils ſont tenus au double; & lors qu'il meurt quelqu'un de la compagnie, chacun doit dire en ſon intention cent *Pater noſter* & cent *Ave Maria*, où bien l'office des Morts. Leur grand Maiſtre eſt le Duc de Florence, la forme de leur croix eſt ſemblable à celle de Malte, ils ont auſſi entr'eux des Preſtres, & des Frères Servans.

L'Ordre des Chevaliers du St-Eſprit, en France.

HENRI III du nom, Roy de France & de Pologne, pour marque d'une éternelle piété &

de la recognoiſſance qu'il déſiroit rendre à Dieu des bienfaits qu'il avoit receus de ſa Majeſté le jour de la miſſion du ſainct Eſprit; ayant eſté en pareil jour eſleu Roy de Pologne, ſuccédé à la couronne de France par la mort du Roy Charles IX ſon frère; & pris naiſſance en meſme jour. Il inſtitua l'ordre des Chevaliers du ſainct Eſprit, l'an 1579 le premier jour de Janvier, à Paris en l'Egliſe des Hermites de ſainct Auguſtin. Cet ordre inſtitué pour l'extirpation des héréſies & pour l'augmentation de la Religion Catholique Apoſtolique & Romaine. Il voulût qu'aux cérémonies ces Chevaliers euſſent chacun un manteau de velours noir, tous parſemez de lys & de flammes en broderie d'or & d'argent, avec un grand collier d'or entrelaſsé de lys & de flammes, au bout duquel eſt une croix de Malte, au milieu de laquelle eſt une colombe. Il y a un livre particulier de cet Inſtitut qui eſt aſſez vulgaire.

L'Ordre des Chevaliers du ſacré ſang de noſtre Seigneur Jeſus Chriſt, à Mantoue.

VINCENT de Gonzague, quatrieſme Duc de Mantoue & ſecond de Montferrat, inſtitua cet ordre l'an mil ſix cens huict aux nopces de ſon fils François avec Marguerite de Savoie, pour la défenſe & augmentation de la Religion Chreſtienne en inſtituant juſqu'au nombre de vingt Chevaliers, lequel ordre a eſté confirmé par le Pape Paul cinquieſme. Or, d'autant que ceux de l'Egliſe ſainct André à Mantoue tiennent qu'ils ont une partie de l'eſponge de noſtre Seigneur, & trois gouttes de ſang que l'on dit avoir eſté recueillies par ſainct Longis Centenier & Martyr. Il érigea son ordre ſur ce ſujeċt avec ceſte inſcription: *Nihil iſto triſte recepto*. Et pour le collier, il le fit faire de petites vergettes d'or liées enſemble & du feu au deſſus, entremeslées toutefois d'autres pièces où ces mots ſont eſcrits: *Domine probaſti me*, voulant par ces ſymboles apprendre à ceux de ſon ordre qu'au plus fort de leurs adverſitez ils ſe devoyent garder la foy & vivre enſemble en amitié & concorde perpétuelle.

L'Ordre des Chevaliers de noſtre Dame du Mont Carmel & de ſainct Lazare en France.

AU commencement de ce Traicté il a eſté parlé de la réunion des deux ordres de St-Maurice & de St-Lazare en Savoye, mais les Chevaliers de St-Jean avoyent obtenu du Pape Innocent VIII aussi qu'il fust réuni au leur pour le regard de la France, ce qu'il retindrent jusques à Amarus le Chaste. Cestui-ci estant Chevalier de St-Jean & grand Maistre de l'Ordre de St-Lazare, s'efforça de faire rendre à ses confrères les biens qui leur appartenoyent. Sa mort lui empescha de faire réussir son dessein, mais de nos jours Philbert de Nerestam, doué d'autant de piété & de courage, que de force & de modestie, a repris les mesmes brisées de son prédécesseur, bien qu'il ne fust Chevalier de sainct Jean comme lui, & à cet effect s'en alla à Rome vers le Pape Paul V, où il obtint ce qu'il désiroit & de plus, que d'oresnavant les Chevaliers François de St-Lazare se nommeroyent Chevaliers de nostre Dame du mont Carmel & de St-Lazare & que pour leurs blazons ils porteroyent au col une croix violette où seroit l'image de nostre Dame & une autre cousue sur l'un des costez de leur manteau, de mesme couleur & figure.

L'Ordre des Chevaliers institue par les Papes.

LES fouverains Pontifes ont inftitué plufieurs ordres de Chevaliers, qui font les Chevaliers de Jefus Chrift, du St-Efprit, de St-Pierre, de St-Paul, de St-George, du Pape Pie, de Lorette, de St-Antoine, de Julius & du Lys, Chevaliers di-je les uns Ecclésiaftiques, les autres layques, tous penfionnaires du Pape, diftinguez les uns des autres par des croix de diverfes couleurs.

Les Chevaliers de Jefus Chrift portent la croix rouge environ telle que la portent les Chevaliers de mefme nom en Portugal, enfermée dans une bordure d'or. Ils furent inftituez par le Pape Jean XXII, ainfi que difent François Tarafe & Jean Confetrius dans le Recueil des privilèges des Mendiants.

Les Chevaliers du St-Efprit, appellez à Rome les frères de l'Hofpital du St-Efprit, portent la croix blanche fur leur robbe, ou fur leurs manteaux. Jean Azore dit qu'en Saxe il y a un ordre auffi de Chevaliers du St-Efprit. Leon X fonda les Chevaliers de St-Pierre contre les Turcs, ainfi que dit Alphonce Ciaconius en l'histoire des Papes & des Cardinaux, lequel le Pape Paul III confirma. Ceux de St-George par Alexandre IV. Le Pape Pie IV, l'an 1560, institua ceux qui portent fon nom, lefquels il voulût qu'ils précédaſſent tous ceux des Empereurs & autres Princes & les Chevaliers de Malte meſme, d'autant qu'ils eſtoyent ſes domeſtiques ou commenſaux. Sixte V, l'an 1586, inſtitua ceux de Lorette.

C'eſt ſommairement ce qui se peut dire des Ordres de Chevalerie qui ont eû quelque nom parmi les Chreſtiens. Quant à leurs ſtatuts & conſtitutions particulières, le Lecteur pourra s'en inſtruire plus amplement dans les Autheurs qui ont eſté cottez dans ce petit traicté, lequel ne pouvoit pas permettre d'en traicter plus amplement.

FIN.

www.ingramcontent.com/pod-product-compliance
Ingram Content Group UK Ltd.
Pitfield, Milton Keynes, MK11 3LW, UK
UKHW021157220726
13924UKWH00003B/1165

9 782019 703226